L'ISLE DE PAIX.

REPRESENTATION HEROIQVE.

Faite le 23. May, dans le College de la tres-sainte Trinité de la Compagnie de IESVS.

A LYON,
Chez IEAN MOLIN, Imprimeur ordinaire du Roy.

M. DC. LX.

A MESSIEVRS
LES PREVOST
DES MARCHANDS
ET ESCHEVINS
DE LA VILLE DE LYON,

Presidens, Iuges, Gardiens, Conseruateurs des Priuileges Royaux des Foires de la Ville de Lyon.

Messire HVGVES DV POMEY, *Seigneur de Rochefort les Sauuages & Rancé, Conseiller du Roy en ses Conseils, Preuost des Marchands.*

Nobles MARC-ANTOINE MAZENOD, *Seigneur de Panezin;* CHARLES ROVGIER, *Escuyer, Conseiller du Roy en la Seneschaussée & Siege Presidial de ladite Ville.*
IACQVES MICHEL, *Seigneur de la Tour de Champ, &* BARTHELEMY FERRVS, *Conseiller de sa Maiesté, Controlleur des Rentes Prouinciales en la Generalité de Moulins, Escheuins de ladite Ville & Communauté de Lyon.*

MESSIEVRS,

Vous auez fait triompher la Paix auec tant de pompe dans l'enceinte de cette Ville, qu'il est iuste, qu'elle serue à son tour à vostre gloire, & qu'elle ioigne ses reconnoissances à celles des Muses, qui s'interessent pour ses auantages. Souffrez donc, MESSIEVRS, que cette Paix qui a fait iusqu'à present le sujet de vos soins & de vos desirs, le soit de vostre diuertissement, en vn temps, où elle fait la gloire de nostre Monarque, l'vnion des deux Couronnes, & la ioye de tous les peuples. C'est vne rencontre fortunée, qui tiendra lieu de miracle dans nos Histoires, qu'on ait signé & traité de l'Alliance des deux Couronnes, le mesme iour qu'on en fit les premieres propositions en ceste Ville; & Lyon n'est pas moins glorieux d'estre le lieu, où elle a esté conceüe, que l'Isle de Bidasso d'estre celuy de sa naissance. C'est cette Isle, que nous representons auiourd'huy ; & nos Muses luy donnent le beau tiltre d'ISLE DE PAIX, aprés qu'elle a reüny les deux plus puissans Monarques du Monde. Il ne manque au bon-heur de cette Isle, que celuy de vous auoir pour Magistrats. Cet aduantage nous asseureroit de sa durée, puis que vous auez eu la gloire de la conseruer en cette Ville durant les troubles de toutes les Monarchies. Nous sommes obligez de reconnoitre ces soins obligeans ; & comme nous sommes les Interpretes des sentimens publics, nous protestons au nom de tous les Citoyens, qui sont commis à vostre conduite, que nous sommes,

Vos tres-humbles, tres-obeyssans, & tres-obligez seruiteurs.

Les Escholiers du College de la Trinité de la Compagnie de IESVS.

Fera le Compliment aux Messieurs, IEAN FRANÇOIS MICHEL.

OVVERTVRE.

L'HYMEN, portant son flambeau entouré d'oliue, pour representer la Paix, faite par le Mariage du Roy auec l'Infante, fait le Recit; & ne pouuant plus retenir les transports de la ioye qu'il a, de voir la Paix rétablie dans vn païs, d'où elle estoit bannie, la tesmoigne par vne Danse. Apres laquelle il fait parétre la face du Theatre, qui montre cette Isle fortunée, à qui l'Alliance des deux Couronnes, donne le nom glorieux, d'ISLE DE PAIX. C'estoit à l'Amour, à faire la découuerte d'vn païs, qui auoit demeuré iusqu'à present inconnu, & qui sera doresnauant, plus celebre dans nos Annales, que sur la Carte. Les Rochers qui la flanquent, & le Ruisseau qui l'entoure, representent les Pyrenées, & la Riuiere de *Bidasso*.

L'HYMEN. MARC-ANTIONE MAZENOD, *de Lyon*.

CONDVITE
De la Representation.

LA Piece est diuisée en cinq Parties; dont la 1. represente les Presages de la Paix. La 2. les Merueilles de l'Isle de Paix. La 3. Les Empressemens des Dieux à trouuer cette Isle, dont des Oracles ont publié les merueilles, & à faire reüssir l'entreprise d'vnir les deux Couronnes. En la 4. Les Genies de Lyon, qui representent nos Messieurs, ayant appris que la Paix habitoit en cette Isle éloignée, y vont pour luy offrir leur respects, & commencer à joüir des auantages d'vn bien, qu'ils ont conserué durant les troubles du Royaume. La 5. est l'Alliance des deux Monarques.

PREMIERE PARTIE.
Les Presages de la Paix.

LEs Presages, qui font la premiere Partie, sont representés par les Diuinitez du lieu ; pource que cette Isle estant neutre, semble auoir esté l'Asyle de la Paix, durant les guerres des deux Roys; & que cette Paix, est vn Ouurage du Ciel.

SCENE I.

Irene, est vn nom Grec, qui signifie la Paix.

LA Princesse Irene*, ou la Paix, bannie du monde, repose dans l'Isle de Bidasso, qui luy sert de retraicte ; ayant esté éueillée par les premiers rayons du Soleil, elle se plaint à luy, d'auoir interrompu les douceurs de son sommeil, & renouuellé ses peines.

IRENE. JEAN JACQVES PESTALOSSE, *de Lyon*.

SCENE II.

L'Echo du rocher voisin, répondant aux plaintes d'Irene, l'exhorte à ne point sortir de son Isle, par autant d'oracles, qu'elle prononce de mots : luy predit qu'elle verra bien-tost à ses pieds, les deux plus grands Monarques du monde, se soûmettre à ses loix, & affermir la Paix qu'ils iureront en sa presence, par le plus heureux Mariage, qui fut iamais.

Comme toute la beauté des Echos, ne consiste qu'en l'heureuse rencontre des mots, qui font les responses ; nous auons creu qu'il falloit donner aux Lecteurs la satisfaction de voir à loisir, ce que la seule prononciation a souuent peine de bien faire entendre. Voicy donc comme Irene parle, & comme l'Echo luy répond.

Tu me ergo, Rupes, mitibus pulsam plagis,
   Inhospita, fero principem tractu tege,
Saltem Pyrene. ECHO. Irene. IR. *Quid vocis ad aures*
Appulit humanæ? E. Mane. I. *At, hoc resonabile saxum*
Ne ludat, caue E. Aue. I. *O nostræ male conscia sortis.*
Improba vox; miseram quî tandem dicis auere?
ECH. verè. IR. *Parce iocos; omnis mihi mæsta resurgit*
Pridem aurora; cadit pariter mihi Vespera. ECH. Spera.
IR. *sperem? dum belli circunsonat vndique terror.*
E. Error. I. *Plena odiis scis omnia.* E. Somnia. I. *Cernis,*
Vt fluuium tingit cruor hactenus? E. hàc tenus. I. *Ergo,*
Inuitam sperare iubes, Dea conscia fati,
Et Rupes lachrymis mollita? E. Ita. IR. *corde sub imo,*
Spes equidem tacitis aluit mihi dulce medullis
Nescio quid. E. Scio quid. IR. *Verùm, fatale laborum*
Quod tandem lenimen? E. Hymen. IR. *Sed fare, fidem quâ*
Præstas responso? E. Sponso. IR. *Genialia iungam vt*
Fœdera? longinquasnè iubes mihi quærere terras?
ECH. Erras. IR. *At bello latè vicinia vtrinque*
Vsque calet, causæque odij insanabilis, altâ
Mente sedent. E. Cedent. IR. *Quibus hæc oracula lucem*
Accipient radiis? E. A Diis. IR. *Ergo auspice cœlo,*
Post septem propè lustra, iterum mea regna bèabo,
Neutrâ Parte inuitâ? E. Ita. IR. *Quæ fortuna reducet?*
Ecquis enim me quærit? E. Erit. IR. *Licet vsque requirat,*
Quî latebram inueniet? E. Veniet. IR. *Sed si adsit vterque,*
Fortè animis erit indomitis. E. Mitis. IR. *Dea, rebus*
Si tua dicta probas, istic de marmore surgent
Templa tibi. E. At tibi. IR. *Sed spe ne malè pascar inani,*

Quæ promissa canis, facito. E. *Citò.* IR. *Crederene audes,*
Irene? speras, ignobilis Insula fiet
Bellorum domitrix? gemet hoc, terrestre, sepulchro?
Hoc scopulo, nauale? E. *Vale.* IR. *O vale Diua, beata*
Præscia fortunæ, atque aurei prænuncia sæcli.

SCENE III.

IRene ne se fiant, ny aux illusions de son sommeil, ny aux promesses de l'Echo, se resout de sortir de cette Isle, pour s'aller presenter à d'autres peuples; mais elle est arrestée par le prodige du Pont, qui se loue de soy-mesme, pour luy oster le passage.

SCENE IV.

ELle estoit sur le point de gayer cette petite Riuiere, lors que la Diuinité qui l'habite, se leue, & la coniure d'obeïr aux oracles qui luy promettent de si beaux auantages; & luy dit que ce n'est pas l'Echo, mais la Deesse du lieu, qui a respondu à ses plaintes, sous la voix de cette Nymphe.

La Riuiere BIDASSO. CLAVDE LAMBERT, *de Cluny.*

SCENE V.

CEste Deesse, voyant qu'Irene, a comme consenty à demeurer dans son Isle, luy vient faire compliment; & luy faisant excuse sur la petitesse du lieu, qui n'est pas digne de sa grandeur, la presse de s'y arrester, pour voir l'accomplissement du dessein des Dieux en sa faueur.

La DEESSE de L'ISLE. ANTOINE BRONOD, *de Lyon.*

SCENE VI.

Bidasso alloit tesmoigner sa ioye, de se voir honoré de la presence d'Irene, quand vne Furie qui paroit, l'oblige à se cacher soûs ses eaux.

SCENE VII.

L'Amour Pacifique chassé par la Haine, se retire de desespoir ; & ne voyant plus de lieu à la reünion des Peuples, se veut precipiter dans le fleuue ; mais son flambeau que la Haine auoit esteint, touche à peine les eaux de cette Riuiere, qu'elles le r'allument. Ce prodige l'estonne ;
  L'AMOVR. IEAN BAPTISTE LAVRISSE, *de Lyon.*
  LA HAINE. IEAN MELLIER, *de Lyon.*

SCENE VIII.

Lors que le Fleuue se releue de son lit, & luy en explique la cause, en luy promettant vn sort plus heureux, que celuy dont il auoit ressenty les rigueurs, puis qu'il est venu dans vn lieu plein de merueilles, depuis qu'Irene s'y est retirée.

SCENE IX.

L'Amour qui s'est auancé dans l'Isle, à la sollicitation du Fleuue, entre dans vn estonnement beaucoup plus surprenant que le premier, lors qu'il trouue Iberie ou l'Infante retirée dans ce mesme lieu ; & luy demandant la cause de sa retraite, apprend que c'est le desir de la paix, qui luy a fait preferé ce petit coin de terre, aux Palais de son Pere ; & que depuis qu'il luy a inſpiré l'amour de Francus, le plus grand Heros du monde, que les Dieux luy ont promis pour Eſpoux, ſi les deux Couronnes s'allioient par vn traitté de Paix, ell'eſt venuë preſſer Irene, d'vnir ces deux Monarques diuiſez par la guerre, & demeurer dans ce lieu neutre, comme ſon amour eſtoit balancé, entre les reſpects paternels, & l'affection qu'elle auoit conceuë pour ce Heros.

IBERIE, ou L'INFANTE. Antoine Bronod, *de Lyon.*

PREMIER INTERMEDE.

La Guerre deſarmée.

LA Guerre entre, armée de fer & de feu, pour entretenir le deſordre du monde ; Elle s'en croyoit deſia la maiſtreſſe, quand l'Amour la deſarme; & ayant ietté dans l'Iſle, l'Epée, qu'il luy a oſtée, il eſteint dans les eaux de Bidaſſo, le flambeau qu'il luy arrache, & triomphe apres vne ſi belle victoire.

La GVERRE. Charles de Bargves, *de Lyon.*
L'AMOVR. Gvichard dv Fraisne, *de Lyon*

SECONDE PARTIE.

Les Merueilles de l'Isle de Paix.

SCENE I.

FRANCVS, qui represente sa Majesté, accompagné de quatre des Seigneurs de sa Cour, vestus en chasseurs sur leur habits de guerre, se repose du trauail de la chasse, sur le bord de la Riuiere de Bidasso.

4. Seigneurs de sa Cour.
{
FRANCVS. CLEMENT VVLLIARD, *de Lyon.*
PIERRE VVILLERME, *de S. Claude.*
MICHEL MICOVD, *de Ville-franche.*
ESTIENNE PERONNET, *de Lyon.*
IACQVES BVFFET, *de Lyon.*
}

SCENE II.

FRancus ayant ouy sonner du cor dans cette Isle, depêche vn de ces Seigneurs, pour aller reconnoistre le lieu & la cause de ce bruit.

SCENE III.

CLeandre (ainsi s'appelle ce Seigneur) estant de retour; l'informe des merueilles de ce lieu, & particulierement d'vn prodige, dont ses Chasseurs ont esté les témoins; qui est, que poursuiuans vn Renard, aussi-tost qu'il s'est ietté dans l'Isle, il s'est metamorphosé en Agneau.

CLEANDRE. IACQVES BVFFET, *de Lyon.*

SCENE IV.

Eubule, vn des Veneurs, apporte cet Agneau, & raconte toutes les circonstances de cet euenement.
   EVBVLE. François Mareschal, *de Bresse*.

SCENE V.

Hilaire, Fauconier de Francus, suruenant rapporte vn second prodige, aussi merueilleux que le premier ; qui est, que son Oyseau, en bourrant la Perdris qui s'est iettée dans cette Isle, il s'est changé en la Colombe qu'il porte sur son poing, aussi-tost qu'il y est entré. Francus rauy de ces Merueilles, passe dans cette Isle, pour estre luy mesme le tesmoin de ces prodiges: mais à peyne y a t-il mis le pied, qu'il sent que son humeur guerriere s'adoucit ; ce qui l'oblige à se retirer promptement, craignant que ce ne fust l'Isle de la Volupté, dont il a toûjours fuy les charmes. Il y laisse neantmoins deux de sa suitte, pour tenir les auenües de ce lieu, qu'il n'a pas encor reconnu.
   HILAIRE. François Pollet, *de Lyon*.

SCENE VI.

Clion & Lysimachus, que Francus a laissé dans l'Isle, treuuent sur le riuage, deux lignes de pescheurs, & les ayant prises pour se diuertir, les iettent dans la riuiere, l'vn en tire vne bourse pleine de piece d'or ; & l'autre vn poisson, portant sur la hure, vn tour de perles.
   CLION. Michel Micoud, *de Ville-franche*.
   LYSIMACHVS. Estienne Peronnet, *de Lyon*.

SCENE

SCENE VII.

THrason & Sanctius, Espagnols, ayans apperçeu ces deux François dans cette Isle, s'y iettent, pour les en chasser; & ils en venoient desia aux mains, lors que tout à coup, ils s'embrassent, & deuiennent amys, sans reconnetre la cause de leur changement. Ils sortent après de l'Isle, & leur sang s'eschauffant de nouueau, ils veulent retirer leurs epées, qu'ils treuuent changées en fluttes.

   THRASON. IACQVES BVFFET, *de Lyon.*
   SANCTIVS. RAYMOND GVICHERD, *de Cremieu.*

SCENE VIII.

VN d'eux va prendre deux pistolets, & rentrans auec chaleur dans cette Isle, les voyent aussi-tost changez en deux petits Tambours, dont ils iouent tous quatre ensemble.

SCENE IX.

VN Chef de l'armée Françoise, venant par ordre de Francus expliquer aux deux autres les volontez de sa Maiesté, les voit qui embrassent les Espagnols; & les croyant perfides à leur Prince, entre en cholere dans l'Isle, pour les remettre dans leur deuoir: Mais aussi-tost son epée se change en instrument de Musique, & il se met à chanter auec eux.

   CHEF de l'armée Françoise. PIERRE TVRRIN, *de Lyon.*

SCENE X.

PRoclus & Polynices, deux autres Espagnols, voyant la ioye de ces François, & de leur compagnons qui sont auec eux,

D

s'imaginent qu'on les à fait prisonniers, & qu'on les meine en triomphe: Ils entrent pour les recourre, & se trouuans changés aussi bien qu'eux, ils se mettent tous à danser, & se ritirent chacun dans leur quartiers.

POLYNICES. François Mareschal, *de Bresse.*
PROCLVS. Pierre Vvillerme, *de S. Claude.*

SECOND INTERMEDE.

La Danse des Genies.

LEs Genies de France & d'Espagne, entrent ennemis, iusqu'à ce que celuy de la Paix les reconcilie.

GENIE de France. Blaise Clairet, *de Lyon.*
GENIE d'Espagne. Gvichard dv Fraisne, *de Lyon.*
GENIE de la Paix. Benoist Rovgemond, *de Lyon.*

TROISIESME PARTIE.

Les Empressemens des Dieux, à faire reüssir les Oracles de Paix.

SCENE I.

LES GRACES cherchent l'Isle de Paix, ou elles ont appris, qu'Amour leur frere s'est retiré, & reposent sur la riue de Bidasso.

LES GRACES. Lovis Ferrvs, *de Lyon.*
Lovis la Forest, *de Lyon.*
François de Semons, *de Lyon.*

SCENE II.

CE Fleuue voyant ses boüillons qui s'esleuent sur ses eaux, qui semblent tressaillir de ioye, sort de son lit pour en connetre la cause. Il voit que c'est l'approche des Graces, ausquelles il apprend qu'elles sont arriuées, au lieu qu'elles cherchent.

Le Fleuue BIDASSO. Claude Lambert, *de Cluny.*

SCENE III.

LEs Graces trouuent à l'entrée de l'Isle, l'Amour ; qui se resjoüissant de leur venüe, les prie de contribuer de leur soins, à parer Iberie, pour la rendre plus charmante & plus agreable à Francus, à qui il la destine pour Epouse ; & commande au Fleuue, de fermer l'entrée de l'Isle, à tout ce qui pourroit en troubler la paix.

L'AMOVR. Iean Baptiste Lavrisse, *de Lyon.*

SCENE IV.

CE commandement donne de la vanité à Bidasso, qui s'estime dés la, vn des plus celebres Fleuues de l'Europe. Il en alloit donner de la ialousie, à tous les Dieux des eaux voisines, quand la Discorde paroit, & l'oblige à se retirer sous ses ondes, pour n'estre pas infecté de ses regards.

SCENE V.

LA Discorde, enflée du succez de ses entreprises, qui ont desuny tous les peuples, se resout d'acheuer tous les desseins qu'elle a tramé, pour empecher que les Genies des deux

Royaumes, n'entrent en conferance, pour noüer vn traité de paix,& conclurre le Mariage de Francus & d'Iberie. Pour mieux venir à bout de son entreprise, elle se deguise sous la figure d'vne Deesse.

  La DISCORDE. IEAN MELLIER, de Lyon.

SCENE VI.

LE Genie de France vient au lieu assigné pour la conference, lors qu'il est aresté par la Discorde traueſtie, qui l'ayant interrogé de la cause de son voyage, luy dissuade vne entreueüe, en luy disant qu'il n'est pas honorable au Victorieux, d'aller chercher le vaincu. Ce Genie se laisse persuader, & retourne sur ses pas.

  Le GENIE de France, FRANC. IOSEPH MONTANIER, de Seyssel.

SCENE 7. 8.

LA Discorde en triomphe, quand le Genie des Espagnes, vient d'autre part au lieu assigné, & se laisse aussi persuader sur la flaterie de l'estendüe de ses pays, qui sont beaucoup plus considerable, que ceux de France.

  Le GENIE d'Espagne. CHARLES VIDET, du Bugey.

SCENE 9. 10.

CE nouueau succez donne courage à la Discorde de poursuiure, ce qu'elle n'a que commencé. Cependant le Genie François, impatient de voir son voyage inutile, sur vne pretention d'honeur, retourne à dessein de sacrifier ses interests au repos des peuples, estimant qu'il est auantageux au Victorieux de presenter la paix, qu'il peut donner. La Discorde qui vouloit
           acheuer

acheuer son coup, voyant ses fourberies eludées, dresse vne nouuelle batterie, & pour le detourner plus efficacement de son dessein, elle luy dit qu'elle est allée elle mesme solliciter le Genie Espagnol, de rendre à son Victorieux, la deference que le sort des armes exige de luy; mais que bien loin d'y vouloir consentir, il pretend, que c'est à luy de receuoir les premieres ciuilitez; qu'il s'est retiré auec vn esprit aigry, & disposé à la vengeance; qu'elle luy conseille de ne rien hazarder, en vne occasion dangereuse; qu'il peut attendre vn moment à couuert, les approches de son Riual, dont il decouurira bien tost les desseins.

SCENE 11. 12.

ELle arreste aussi d'autre part le Genie Espagnol que la necessité de la paix obligeoit de retourner, & luy conseille de se tenir sur la defensiue, pour parer aux coups de son ennemy qui est en embuscade dans vn lieu voisin.

SCENE XIII.

LE Genie François resolu de terminer le dessein qu'il a projetté, sort du lieu de sa retraite: & voyant l'Espagnol qui l'attent les armes en main, commence à se defier de luy, & se met en estat de combattre.

SCENE XIV.

L'Amour suruient, & voyant que son projet a presque esté renuersé par la Discorde, la demasque, & la met en fuitte: Il arreste en suite les combattans, & les ayant tancé, d'auoir pris si facilement querelle, les exhorte à la paix, & depeche l'vn vers Francus, & l'autre vers Iberie, pour leur inspirer vn amour mutuel.

E

SCENE XV.

LE Genie Espagnol, à qui l'Amour a commandé, de se rendre maitre du cœur de Fráncus, luy donne vne de ses fleches pour en venir plus facilement à bout ; & pendant qu'il s'exerce à faire son coup, & qu'il espere vn heureux succez de son entreprise.

SCENE XVI.

LE Genie de France qu'il a depeché vers Iberie, ne demande plus d'autres armes, pour triompher du cœur de son Monarque, que le pourtrait de la Princesse, dont les seuls charmes sont capables de triompher. Les Graces qui auoient eu soin de la parer, retournent ; & c'est sur leur traits, qu'il acheue luy mesme l'ebauche qu'il en auoit faite, à la premiere veüe d'Iberie.

TROISIESME INTERMEDE.

L'Heresie abbatuë.

L'Heresie vestüe de noir, sous vne Gaze claire d'argent, & masquée derrier la teste, pour signifier ses fausses maximes; coiffée d'vne teste de Hibou, & de quantité de bout de plumes noires & rouges, qui monstrent son aueuglement, son inconstance & son amour pour le sang, entre malade & desolée, à cause des maux qu'elle preuoit, que la Paix luy doit apporter. Geneue & Orange viennent pour la soulager. L'vne la soutient, & l'autre la fait reuenir de sa foiblesse, par l'odeur de son Orange. Ce soulagement luy redonne vn peu de vigueur, quand le Genie de France, qui represente sa Majesté, luy arrache l'Orange,

& l'ayant mis au bout de son epée, menace l'Heresie de sa derniere ruine.

  GENEVE. François de Semons, *de Lyon.*
  ORANGE. Blaise Clairet, *de Lyon.*
  LE GENIE de France. Benoist Rogemont, *de Lyon.*

QVATRIESME PARTIE.

Les respects des Genies de Lyon, à Irene.

SCENE I.

LVGDVS, qui represente Monseigneur le Mareschal de Villeroy nostre Gouuerneur, enuoyé par Francus, pour aller reconnêtre l'Isle de paix, (pource qu'ayant toûjours entretenu le repos dans son Gouuernement, il n'est personne qui puisse mieux la reconnêtre) est estonné du grand silence de ceste Isle, lors qu'il entend vne voix, qui l'endort doucement ; tandis qu'vne main inuisible, luy met au col, l'Image d'Iberie, attachée à vn cordon bleu, qui luy est vn presage du Collier, dont il a le breuet.

  LVGDVS. Claude Lambert, *de Cluny.*

SCENE 2. 3. 4.

VN Seigneur Espagnol s'approchant de l'Isle, est arresté par vn soldat François, qui le depoüille, & s'estant reuetu de ses habits, imite sa grauité de marcher ; lors que deux autres François suruiennent, & le prenant pour Espagnol, l'arrestent aussi. D'ailleurs, deux Espagnols se saisissent de leur Chef, vestu des habits du François, l'echange que l'ont veut faire de ces deux prisonniers, les met egalement en peine, l'vn protestant qu'il est François; l'autre, qu'il est Espagnol, & qu'il n'est pas de condition à estre échangé, pour vn simple soldat, ny passer dans les mains des ennemis.

Le Seigneur ESPAGNOL. PIERRE TVRRIN, *de Lyon*.
Le Soldat FRANCOIS. IEAN MELLIER, *de Lyon*.

SCENE V.

LE bruit qu'ils font, ayant cueilli Lugdus, il se leue, & s'approchant d'eux, ils sont aussi tost mis en fuitte.

SCENE VI.

CE prodige l'estonne, quand il voit le present qu'il a receu, durant son sommeil, qu'il reconnoit en estre la cause, & considerant que c'est le portrait d'Irene, il admire son bon-heur, qui l'ayant fait Gouuerneur de sa Majesté, pour luy donner les premieres impressions des Heros, luy fait heureusement tomber entre les mains le portrait de la Paix, pour luy en inspirer les sentimens.

SCENE 7. 8.

LEs Soldats Espagnols, esperans de faire vne bonne prise, s'ils l'arrestoient, courent sur luy, quand la veüe de cette Image les remet de nouueau en fuitte; le mesme arriue à d'autres, qui l'approchent pour le mesme dessein.

SCENE 9. 10.

CEpendant les Magistrats de Lyon representés par des Genies, & precedés d'vn Genie armé, qui represente Monsieur Grolier,

Grolier, Sieur de Casaux, Capitaine des forces de la Ville, viennent offrir leur presens à Irene, Deesse de Paix, & reconnoissent leur Gouverneur, dont ils reçoiuent des caresses, aprés qu'il luy ont rendu leur respects. Il leur montre l'Image de la Deesse qu'ils cherchent.

 Iacques Perrodon Dalmais, representant Monsieur du Pomey, Preuost des Marchands.

 Pierre Vuillerme, representant Mr Mazenod, premier Escheuin.

 Iacques Byffet, representant Mr Rovger. 2. Escheuin.

 François Mareschal, representant Mr Michel, 3. Escheuin.

 François Pollet, representant Mr Ferrvs, 4. Escheuin.

 Iean-Baptiste Lavrisse, representant Mr de Casavx.

SCENE XI.

Mais tandis qu'ils s'arrestent à la considerer, elle paroit elle mesme, les remercie de soins obligeants, qu'ils ont eu, de de la faire regner dans leur Ville, pendant qu'elle estoit bannie de tant d'autres ; Et prenant leur blasons, qu'ils portent sur des boucliers, les attache aux arbres de l'Isle, où elle les introduit ; & veut que ces glorieuses marques d'honneur, fassent eternellement les plus beaux trophées de la paix, & seruent d'exemple à la posterité.

QVATRIESME INTERMEDE.

LE Laurier, & l'Oliuier, voulant auoir part à la ioye publique, renouuellent les miracles du siecle d'Orphée, & détachans leur racines, se meuuent en cadance, en sortant hors de l'Isle. Le Laurier tout ébranché qu'il est, s'estime glorieux d'auoir serui long-temps à faire des Couronnes à sa Majesté, tandis que l'Oliuier espere de les faire doresnauant.

CINQVIESME PARTIE.
L'Alliance des deux Couronnes.

SCENE 1. 2. 3. 4.

VN Chef François ayant appris, que Francus defiroit entrer dans l'Ifle, commet à deux Soldats la garde du Pont. Cependant l'Enuoyé d'Iberus paffe pour porter des lettres à Francus, de la part de fon Maiftre.

SCENE 5. 6.

IBERVS vient luy mefme accompagné de quelques Soldats, voir l'Ifle, dont il auoit appris, que les François s'eftoient faifis, & iurant qu'il en tirera vengeance, il apprend par le retour de fon Enuoyé, que Francus s'eft moqué des lettres de menace qu'il auoit écrites.

IBERVS, repréfentant le Roy d'Efpagne, IEAN FORISSIER.

SCENE 7. 8. 9.

IL reçoit à mefme temps vn autre Enuoyé, qui luy vient prefenter le combat de la part de Francus ; & s'affeure de la victoire auant le combat.

L'Enuoyé de FRANCVS. MICHEL MICOVD, *de Ville-franche.*

SCENE X.

PEu de temps après, Francus arriue pour le combat, fuiuy feulement de quatre Soldats, pour ne pas exceder le nombre de ceux qu'Ibere auoit auec luy. Ils choififfent l'Ifle pour ce Duel, qu'ils font commencer par deux Seigneurs de leur fuite: qui à peine font entrés dans l'Ifle, que bien loin de fe battre, ils s'embraffent, & voient leurs epées changées en branches d'Oliuier.

SCENE XI.

LEs Roys étonnés de ce changement & de cefte reconciliation si subite, entrent eux mesme dans l'Isle, lors qu'Irene ayant ouy du bruit, sort de sa retraicte. Francus & Iberus rauis de sa charmante beauté la saliient & la complimentent, l'ayant reconnüe : & s'offrent à deuenir amys, aux conditions qu'elle voudra.

SCENE XII.

IRene confere auec Iberus en particulier, l'exhorte à faire vne bonne paix, & de l'affermir par vne alliance ; luy remontre que son interest le doit obliger, à ne point rejetter ses aduis; Iberus les écoute volontiers, & donne son consentement.

SCENE 13. 14. 15.

L'Amour, voyant qu'il estoit temps de faire reussir son dessein, apres s'estre iustifié auprés d'Iberus, de l'inclination qu'il auoit donnée à Iberie, sa fille, pour Francus, & de l'auoir sollicitée à quitter sa Cour, & à se retirer en cette Isle ; va la querir, & l'amene luy mesme à son Pere, se presentant pour estre l'entremetteur de cette alliance.

SCENE XVI.

FRancus cependant est dans l'impatience ; il la tesmoigne par vn Enuoyé. Irene prie Iberus de se retirer auec sa suitte.

SCENE XVII.

Irene traite auec Francus du Mariage auec Iberie; dont le Portrait, qui luy est presenté par vn des Seigneurs qui l'accompagnent, allume dans son cœur vn ardent desir de la voir : Elle est appellée.

SCENE XVIII.

Iberie, precedée de l'Amour & des deux Genies de France & d'Espagne, suiuie des Graces, & accompagnée d'Iberus & de quelques Seigneurs Espagnols, est presentée à Francus par Irene, qui fait elle mesme l'alliance ; Et les deux Princes luy offrant de la mener en triomphe dans leurs estats, en reconnoissance de ceste vnion, elle les prie de consentir, qu'elle demeure dans cette Isle, pour seruir de nœud aux deux Royaumes ; & les conjure de souffrir qu'on l'appelle doresnauant, *l'Isle de Paix*, & d'y bastir vn Temple à la Reyne du Ciel, ou les sujets de l'vn & de l'autre, puissent venir rendre leur respects. Ils promettent l'vn & l'autre ; & pendant qu'ils se separent, & se retirent, chacun dans ses Estats, les Graces, & les Amours celebrent la feste de ceste alliance.

Conclusion de la Piece.

La Paix pour tesmoigner la ioye qu'elle reçoit, de se voir rétablie, aprés de si longues guerres, danse auec les quatre Parties du monde, pour representer le commerce rétably.

ACTEVRS.

IRENE, representant la Paix. Iean Iacqves Pestalosse.
FRANCVS, representant le Roy de France. Clement Vvlliard.
IBERIE, representant l'Infante. Antoine Bronod.
IBERVS, representant le Roy d'Espagne. Iean Forissier.
LVGDVS, representant Monsieur le Mareschal de Ville-Roy. Clavde Lambert.
L'AMOVR Pacifique. Iean Baptiste Lavrisse.
LA DISCORDE. Iean Mellier.

LES GRACES.
- Lovis Ferrvs.
- Lovis la Forest.
- François de Semons.

LE GENIE de France, François Ioseph Montanier.
LE GENIE d'Espagne, Charles Videt.
BIDASSO, Riuiere de l'Isle de Paix. Clavde Lambert.

SEIGNEVRS François.
- Michel Micovd.
- Pierre Vvillerme.
- Iacqves Bvffet.
- François Mareschal.
- François Pollet.

SEIGNEVRS Espagnols.
- Raymond Gvicherd.
- Pierre Tvrrin.
- Estienne Peronnet.
- François Mareschal.
- Pierre Vvillerme.

G

GENIES de Lyon.
- Iacques Perrodon Dalmais, Repesentant Monsieur du Pomey, Preuost des Marcrhands.
- Pierre Vvillerme, Representant Monsieur Mazenod premier Echeuin.
- Iacqves Bvffet, Representant Monsieur Rougier, second Echeuin.
- François Mareschal, Representant Monsieur Michel, troisiesme Echeuin.
- François Pollet, Representant Monsieur Ferrus, quatriesme Echeuin.
- Iean Baptiste Lavrisse, Representant Monsieur de Casaux, Capitaine des Forces de la Ville.

ACTEVRS DV BALLET.

L'HIMEN, Marc-Antoine Mazenod.
GENIE de France, Blaise Clairet.
GENIE d'Espagne, Gvichard dv Fraisne.
L'AMOVR, Benoist Rogemont.
LA PAIX, Iean François Michel.
LA GVERRE, Charles Des Bargves.
L'HERESIE, Iean François Michel.
GENEVE, François De Semons.
ORENGE, Blaise Clairet.
L'EVROPE, François De Semons.
L'ASIE, Iacqves Perrodon.
L'AMERIQVE, Iacqves Ioseph De L'Avbepin.
L'AFRIQVE, Baltazar Dv Fraisne.

F I N.

www.ingramcontent.com/pod-product-compliance
Lightning Source LLC
Chambersburg PA
CBHW060627050426
42451CB00012B/2471